Blogging
La Biblia

Los últimos secretos de los blogs exitosos
explicados paso a paso, y cómo
convertirlos en grandes ganancias

Riley Reive

Tabla de contenido

INTRODUCCIÓN

Los siguientes capítulos dirán cómo puede sacar el máximo provecho de los blogs para que pueda convertirlo en una gran máquina rentable y convertirse en un ¡punto de referencia en su mercado!

Blogging es lo popular ahora. De hecho, ha estado ardiendo durante los últimos años. Parece que no se puede ir a ninguna parte en línea sin escuchar sobre un blog u otro. Y las historias de éxito del Blogger, en las que la gente ha convertido el blog en una carrera y se las arreglan para ganarse la vida haciéndolo, son casi tan comunes.

Tal vez usted es nuevo en el Internet y, habiendo oído tanto sobre los blogs, desea saber más sobre él. O tal vez usted ha estado en línea durante mucho tiempo, pero eso no es un área que ha investigado mucho anteriormente.

De cualquier manera, es posible que alguien con absolutamente ninguna experiencia de blogs pueda iniciar un blog hoy, y tener un blog con éxito en funcionamiento en sólo unas semanas. O incluso días.

Usted puede comenzar con nada y tener un blog en funcionamiento en Internet en poco tiempo, y una vez que está en línea se puede monetizar en una serie de formas, o usted podría decidir "voltear" su blog y ganar dinero de esa forma.

Hay un montón de libros sobre este tema en el mercado, pero este va directamente al corazón de los blogs, obtendrá todo lo necesario para crear y aumentar el poder de su blog.

Voy a empezar desde el principio y llevarte a través de todo. Cuando termines, tendrás tu propio blog en línea y preparado para ganar dinero.

"El blogging es escribir lo que son los deportes extremos a el atletismo: de una forma libre, más propenso a los accidentes, menos formal y más vivo. Es, en muchos sentidos, escribir en voz alta. "- Andrew Sullivan

La cita anterior de Andrew Sullivan señala cómo los blogs han convertido al mundo editorial en su cabeza en los últimos años.

A diferencia de la escritura tradicional que necesita varias aprobaciones antes de ser publicado, un blog te permite escribir y publicar todo, desde cualquier lugar, y tenerlo inmediatamente disponible para miles de millones de personas en todo el mundo. Este dinamismo asociado con los blogs definitivamente lo hace más "vivo".

Gracias de nuevo por elegir este libro! ¡Se hizo todo lo posible para asegurarse de que está lleno de tanta información útil como sea posible, por favor disfrute!

Capítulo 1

¿Por qué necesitas crear un blog?

La palabra "blog" es en realidad la abreviatura de "web log" ó "registro web". Básicamente se crean artículos sobre un tema específico y se habla de este tema desde diferentes puntos de vista, de acuerdo con su experiencia personal, estadísticas, historias de casos, lo que encuentra en Internet y así sucesivamente.

Puedes crear un blog sobre cualquier cosa que te interese. Sus aficiones, sus intereses, sus experiencias de dieta, o incluso las películas que te gustan. No hay límites cuando se trata de blogs.

Una de las preguntas más frecuentes que un individuo (no sólo un profesional privado o independiente, sino también importantes empresas autónomas) se encuentran es probablemente ¿por qué uno tiene que crear un blog? Antes de examinar la respuesta, reflexionemos sobre algunas cuestiones comunes, pero importantes.

¿Quieres tener un impacto en la sociedad?

¿Quieres ser distinguido del resto? Distinguido de otras empresas si en un negocio?

¿Quieres transformar tu pequeña empresa en una gran marca?

¿Quieres ayudar a la gente a hacer lo mismo?

¿Quieres ganar dinero en línea (venta de libros electrónicos, cursos en línea, su propio producto y así sucesivamente)?

¿Quieres construir una red de personas con la misma necesidad o intereses?

Si la respuesta a al menos una de estas preguntas es "sí", y desea tomar una posición predominante en un tema determinado, convertirse en el mejor en lo que hace, entonces en ese caso, puede pensar en lograrlo todo al convertirse en un Blogger.

Blogging es una herramienta de marketing. Así que básicamente necesita un blog para vender sus servicios / productos. Tener una plataforma en línea le permite realizar dos aspectos:

1. Construir una red de personas con intereses compartidos o confrontados con temas comunes.

2. Crear con estas personas una relación de confianza que abre el camino a la venta de sus productos o servicios.

Crear un blog es principalmente una oportunidad para dar voz a su propia pasión, deseos y emociones al compartir su historia, éxitos y fracasos, y experiencias pasadas y presentes.

Pero usted no lo hace sólo para si mismo, sino para impulsar el crecimiento social o económico de su propia empresa.

Se hace para la sociedad en su conjunto.

Cada momento la vida nos enseña algo nuevo. Todo el mundo es precioso más allá de las palabras.

El mundo está lleno de gente que busca soluciones a sus propios problemas y dudas.

Sólo te dije que puedes crear un blog sobre cualquier cosa que te interese, y es cierto. Pero estamos hablando en este libro sobre los blogs por dinero.

Sí, exactamente ... por dinero. Así que probablemente usted está pensando: ¡¿cuál es la diferencia?!

El punto principal en hacer el blogging por dinero es que lo haces PARA LA GENTE, no para ti.

Esto hace toda la diferencia, porque su enfoque no está en sí mismo, sino en la necesidad y los intereses reales de la gente por ahí.

Hay una necesidad continua de preguntas como,

"¿Como funciona?"

"¿Cómo lo hago más rápido?"

"¿Cómo lo hago sin esfuerzos?"

"¿Por qué debería confiar en ti?"

"¿Qué impacto puede tener en mi vida?"

"¿Qué resultados obtengo?

La lista es interminable. Todos tenemos preguntas que nos mantienen despiertos por la noche, temores y obstáculos que tenemos que superar. Cada uno de nuestros problemas ya ha sido enfrentado por alguien por ahí. Las experiencias de una persona pueden convertirse en una de las lecciones más promotoras del crecimiento para alguna otra persona.

Estas respuestas son la mejor manera de:

1. Atrapar la atención de las personas que buscan las respuestas.
2. Establecer una relación de confianza.

Estos son los dos elementos clave para aumentar su popularidad y el impacto que puede tener en una gran audiencia.

Gracias al blog, algunas personas crean un nicho para sí mismos, y otros han duplicado, triplicado y cuadruplicado la facturación de la empresa a partir de cero.

Algunos crean ingresos pasivos, otros han encontrado un trabajo.

Algunas organizaciones sin fines de lucro ven el aumento exponencial en el número de entradas de donaciones, muchas multinacionales han reemplazado a los antiguos titulares al implementar nuevas estrategias de desarrollo y por lo tanto, traen masas enteras de personas que van para sus productos / servicios.

Todos los ejemplos anteriores muestran cómo la gente se ha hecho un nombre por sí mismos con la ayuda de un blog. Pero el éxito no siempre es un buen viaje, algunos blogs han sido fracasos también.

Hay quienes crearon un blog, pero han fallado en hacerlo exitoso, por ejemplo, resuelven los problemas de los lectores compartiendo sus conocimientos y experiencias. Tal vez no siguieron el enfoque adecuado para su publicidad o tal vez porque el contenido realmente no apela a la gente. Las razones pueden ser muchas.

Es posible superar el fracaso contando su propia historia y experiencias que ayudarán a los lectores a resolver sus problemas.

Creación de un blog significa, en primer lugar, ayudar a otros a lograr una experiencia en cualquier tema, proporcionando contenido útil y valioso. Significa hacer un compromiso con los lectores, y el impacto que este aspecto puede tener en su negocio / organización e incluso la vida es increíble.

Estas son algunas de las principales ventajas de crear un blog:

- Una herramienta de marketing muy potente (gracias a la atención que puede capturar a través de blogs)
- Ayuda a la indexación en los motores de búsqueda libremente.
- Le permite interactuar directamente con sus lectores, clientes o fans.
- Le ayuda a comunicar los puntos fuertes de sus productos.
- Le ayuda a encontrar nuevos clientes continuamente.
- Ayuda a crear confianza con el cliente.
- Le ayuda a entender las necesidades del mercado y desarrollar nuevos productos / servicios como consecuencia.

Capítulo 2

Cómo empezar y obtener resultados con un blog

Los blogs son una de las cosas más populares en línea hoy. Así que muchas personas parecen estar haciéndolo y lo aman. Y, aún mejor, ganar dinero con ello. Hay una buena probabilidad de que usted haya pensado en armar un blog propio.

Muchas personas sostienen la opinión de que los resultados de un blog se obtienen al maximizar el número de visitantes y que el camino para lograr resultados es sólo aumentar el número de visitas mensuales.

Pero el aspecto fundamental que usted necesita establecer antes de crear un blog es su objetivo. Si uno no sabe por qué uno está haciendo algo, es todo un desperdicio.

Un objetivo concreto hará que sea más fácil entender qué escribir, a quién contactar y cómo medir los resultados obtenidos en el tiempo.

¿Cuántos productos físicos has vendido, cuántos productos de información has conseguido vender, qué nivel de popularidad has conseguido (tú o tu empresa)?

Si, por ejemplo, usted es un individuo privado que ya tiene un trabajo y quiere encontrar una manera de ganar dinero en línea, entonces puedes crear un blog, crear un indo-producto basado en las necesidades de sus lectores y venderlo de tal forma que asegures una mensualidad anualmente.

Para aquellos que nunca han hecho nada parecido a iniciar un blog antes, probablemente les puede parecer un proceso misterioso y complicado. Pero comenzar un blog es mucho más fácil de lo que piensas. De hecho, uno de los comentarios comunes de los nuevos bloggers es: "No puedo creer lo fácil que era".

Aquí hay algunos consejos que le ayudarán a poner en marcha su blog.

Elija el mercado de su nicho

El primer paso es elegir su tema. ¿Pregúntese qué es lo que quiere escribir? ¿Qué está buscando la gente? ¿Cuánto están dispuestos a pagar?

Cada Blogger debe identificar su nicho de mercado (un conjunto de personas - en este caso los visitantes - que comparten los mismos intereses, problemas, dudas, etc.) Por ejemplo, echemos un vistazo a un nicho de mercado para las dietas. Al principio, es bueno elegir un nicho tan específico como sea posible. Le ayuda a ser reconocido como un experto del nicho. Acerca de la dieta, puede elegir por ejemplo el nicho de "la dieta Paleo".

Puede que no sean particularmente únicos, pero en mi experiencia un blog sobre uno de los siguientes temas seguramente será popular:

- Dinero

- Hacer dieta

- Salud y Belleza

- Relaciones

- Crianza

Hay mucha competencia, pero eso no es malo. Hay compradores en estos nichos.

También encontré la siguiente lista que podría ser útil

El blog de niches más grande del mundo y lista de ideas para temas:

http://www.sparkplugging.com/sparkplug-ceo/the-worlds-largest-blog-niche-and-topic-idea-list

Una de las publicaciones recomienda que combine dos de los temas. Creo que es una idea muy buena, ya que esto haría su blog único.

Bueno, a estas alturas quizás tengas un par de ideas en mente - ¿quizás dos o tres?

Esta es una manera de reducir esa lista y tomar su decisión final. Al final de este proceso, te sugeriría que elijas el que tenga más potencial de tráfico y que no te importe escribir sobre una base muy regular.

Tome su lista de ideas y piense cuidadosamente acerca de lo que la gente escribe en los motores de búsqueda para encontrar el tipo de información que desea que sea su blog.

Vamos a trabajar con un ejemplo.

Digamos que queremos un blog sobre Ideas de Negocios en Casa. ¿Qué tipo escribirían las personas en los motores de búsqueda para obtener más información al respecto?

- ideas de negocio en casa

- cómo ganar dinero desde casa

- ideas de negocio basadas en casa

- trabajo legítimo en el hogar

- trabajo en casa

Esos eran sólo algunos que vinieron a mí cabeza.

Vaya a esta dirección: https://keywordseverywhere.com/ubersuggest.html

Descargue la extensión para Google Chrome o Firefox (al hacerlo cada vez que escriba una palabra en Google, le dirá la búsqueda de volumen mensual exacto y el coste por clic asociado a cualquier campaña con Adwords)

Después de instalar la extensión, vaya a: https://ubersuggest.io/

Introduzca estas palabras clave y presentará el volumen exacto de las palabras clave que elija, mostrando todas las combinaciones posibles con otros términos de búsqueda.

Sería mejor elegir una más específica con al menos 20.000 búsquedas por mes.

¡Sea firme con usted mismo, tome su decisión final y se adhiérase a ella!

Si realmente no puede elegir entre un par de cosas, tal vez usted pueda combinarlas en el blog, como se sugirió anteriormente, para un enfoque único.

Pero recuerde que una vez que tiene una rutina para poner contenido en su blog, ha sido monetizado y tiene un flujo constante de tráfico, entonces no hay nada que te le detenga para empezar otro blog y repetir todo el proceso. Esa es la belleza de los blogs - se pueden configurar muy fácilmente y usted puede estar haciendo dinero con ellos muy rápidamente, de hecho ...

Elija su plataforma

Yo personalmente te aconsejo WordPress, el cual es muy fácil de instalar. De hecho, con la mayoría de los alojamientos web, usted puede instalarlo en apenas algunos clics, y tener su blog en internet y funcionando en menos de diez minutos.

No te preocupes por cómo hacerlo, porque te voy a explicar todo en los próximos capítulos.

Publicar diariamente

Cuando inicias tu blog por primera vez, intenta publicarlo diariamente durante al menos una semana.

Hay dos buenas razones para esto. En primer lugar, le dará una buena ventaja, y le ayudará a llenar su sitio actualmente vacío con buen contenido.

Y, en segundo lugar, publicar con frecuencia le ayudará a obtener rápidamente comodidad con el proceso de escribir mensajes, y el uso del software de blogs.

Si usted se ha estado preguntando, "¿Cómo empiezo a bloguear?" Estos son los tres sencillos pasos que debe seguir. Tan simple como eso, usted puede tener su blog en marcha. Y, una vez que obtenga su primera subida, su segunda y tercera y cuarta serán aún más fáciles.

Capítulo 3

Lo que necesitas saber para crear un blog exitoso

"¿Qué necesito saber para crear y administrar un blog?" Esta es probablemente una pregunta que usted hace con bastante frecuencia. Para crear y administrar un blog exitoso, es necesario conocer algunos aspectos fundamentales que a menudo son subestimados o incluso ignorados, pero que pueden marcar la diferencia en cuanto al éxito de tu blog y, sobre todo, reducir el tiempo que se tarda en alcanzar lo mismo.

El blog es un sistema orgánico formado por diferentes partes, que debe ser constantemente mantenido y mejorado para funcionar correctamente. Por lo tanto, es necesario conocer ciertos aspectos, algunos más técnicos que otros, que son esenciales para crear un blog que conduzca a la meta.

Si usted acaba de comenzar su experiencia con los blogs, es esencial que usted sepa (o aprenda) estos aspectos. Pero no te preocupes, es normal que no puedas saberlo todo al principio. Aprender lleva tiempo.

Comience con el aprendizaje de los conceptos básicos acerca de las habilidades necesarias y con el tiempo, entienda lo que funciona y lo qué no. Elimine lo que no funciona y continúe probando nuevos caminos.

Usted no necesita saber todo de inmediato, usted aprenderá lo que necesita a medida que comienza su aventura de los blogs. Incluso los Bloggers y los vendedores de la Web que ahora han alcanzado el pináculo del éxito comenzaron con habilidades básicas para crear un blog y ahora que han alcanzado resultados excelentes, todavía necesitan estudiar y desarrollar nuevas técnicas y estrategias de mejoramiento para crecer más.

A continuación, se presentan las habilidades que debe aprender y trabajar para profundizar sus conocimientos para crear y administrar un blog:

SEO

Una de las fortalezas de un blog que publica contenido útil de una manera constante es la de la indexación. Los motores de búsqueda, especialmente Google, prefieren los sitios web que proporcionan contenido relevante para el lector, y por lo tanto muestran los resultados de búsqueda basados en algunas características presentes en el contenido del blog.

Sin embargo, además de la constancia y la calidad del contenido (y por lo tanto su utilidad para el lector) también debe recordar las reglas básicas de SEO.

La optimización de los motores de búsqueda puede tener un impacto increíblemente positivo en la posición de su blog en los resultados de búsqueda con respecto a ciertas palabras clave.

En particular, usted debe saber:

Cómo funciona la lógica de los motores de búsqueda, cómo y por qué se crea un sitemap ó mapa del sitio, cómo comunica la existencia de su sitio web a los motores de búsqueda, cómo optimizar cada página de su blog para la indexación y también la importancia de los vínculos de retroceso y vínculos internos entre las páginas de su sitio web.

A pesar de que puede parecer una técnica muy difícil de dominar, todo lo que necesita hacer, una vez instalado wordpress, es instalar el plugin "Yoast SEO" y empezar a trabajar con eso. ¡Para usted es más que suficiente!

Seguimiento de las visitas

Otro aspecto fundamental para el éxito de un blog es monitorear constantemente las visitas que recibe en su sitio web.

Entender lo que la gente busca para que lleguen a su sitio web, qué contenido funciona más, su blog atrae a los lectores de qué parte del mundo.

Por otra parte, la información como la edad, sexo, país o dispositivo que se utiliza para acceder a su blog (smartphone, tableta, computadora de escritorio) es la clave para corregir y mejorar continuamente su trabajo.

Sería difícil hacer un blog exitoso sin monitorear estos factores tan necesarios. Por lo tanto, es necesario que conozca la herramienta principal que le ayuda a analizar todos estos parámetros de forma fácil y eficaz: ¡¡Google Analytics!!

Lo que primero necesitas saber es:

Cómo instalar Google Analytics en tu blog

Cómo establecer los objetivos de conversión

Cómo entender cuáles son los principales términos / frases de búsqueda que atraen más visitantes a tu blog y desde qué sitios se dirigen a los tuyos.

¿Cuánto tiempo permanecen sus visitantes en su sitio web, Y también el índice de calidad del contenido

Publicar artículos, promocionarlos utilizando técnicas de SEO y analizar correctamente

Los servidores de datos no sirven para nada si no crean artículos de valor, que tengan las palabras clave adecuadas para el marketing de nicho.

Tendrás que aprender a escribir títulos efectivos que hagan que el lector elija tu contenido entre muchos que tienen a su disposición, cómo crear contenido útil en el menor tiempo posible, cómo estructurar un artículo y qué tipos de artículos funcionan Mejor que otros.

Una vez que usted crea su contenido valioso, usted necesitará hacer algo con respecto a conseguir que sea leído. Es por esta razón que se hace fundamental entender las principales técnicas para promover el contenido de su blog y llegar rápidamente a una audiencia lo suficientemente grande para llegar a conquistar sus objetivos.

En la práctica, necesitará saber:

Quiénes son los influyentes

Cómo encontrar los influenciadores de su propio nicho

¿Qué son los posts de invitados y por qué son importantes?

¿Cómo convencer a los influyentes de su nicho para escribir post de invitado en su sitio web?

¿Qué medios de comunicación social son los más importantes para su nicho y cómo promover su blog?

Capítulo 4

¿Cuál es la mejor herramienta para crear un blog

Ahora que usted entiende por qué debe crear un blog, y también cómo obtener resultados con él, podemos hablar de cosas técnicas adecuadas.

De hecho, todavía falta uno de los aspectos más importantes, por ejemplo, ¿cómo crear un blog? En Internet encontrará cientos de guías y herramientas para hacerlo, pero encontrar información relevante puede ser muy difícil.

Antes de continuar, debes saber que hay dos cosas absolutamente necesarias para crear tu blog: un dominio y un hosting profesional.

• El dominio es el nombre de su sitio web (por ejemplo, http://www.mywebsite.com) y constituye lo que sus lectores ven en la barra de direcciones cuando se dirigen al contenido.

• Hosting se refiere al espacio físico (como el disco duro de una computadora) donde residen los archivos de su blog / sitio web.

Con el hosting profesional, todos los datos que usted introduce en su sitio (archivos, imágenes, otros medios de comunicación, etc.) le pertenecen a usted y usted puede decidir si desea instalar o desinstalar los componentes adicionales, según su deseo. Hay numerosos servicios que le permiten comprar un dominio o un espacio de alojamiento para alojar el sitio web, y muchos de ellos le permiten hacer ambos a un precio relativamente bajo.

¿Qué servicio tiene que elegir? Los servicios que le permiten comprar un espacio web son muchos, y los mejores son por lo general los ofrecidos por los proveedores de alojamiento web estadounidense. Es bastante normal estar en un dilema sobre cuál elegir, especialmente si eres nuevo en este tema; Es por esta razón que aquí te digo el servicio de alojamiento que debe considerar sobre los demás.

Yo personalmente le aconsejo que vaya para Hostgator (haga clic en "Web Hosting" y luego "Baby plan"). Es realmente profesional y sólo tienes que seguir el procedimiento para comprar tu dominio (estrictamente vinculado a tu nicho) y tu espacio de alojamiento ("rsosaveas2" es un código de cupón con un 70% de descuento).

Elegir un nombre de dominio

Tendrá que elegir y comprar un nombre de dominio para su blog. Para ello, tome su palabra clave de su elección anterior ("Elija un nicho rentable") y empiece a escribirlo en Hostgator.

Lo ideal sería que tuviera como objetivo registrar un nombre .com, sin embargo, si su nombre preferido no está disponible, no descarte el registro de una extensión de dominio diferente, como .net o .info

Registrar un buen nombre de dominio puede ser difícil y normalmente encontrará que los mejores ya han sido tomados ...

Si estás luchando por ideas intenta agregar palabras como "Noticias", "blog", "101", "consejos", etc. al final de tu nombre de dominio, o agrega un guion entre las palabras.

Si eso no ayuda, intente una combinación de palabras - por ejemplo TheHomeBusinessIdeasBlog.com.

Trate de asegurarse de que tiene palabras clave en su nombre de dominio, esto realmente ayuda en términos de SEO.

Decir que, otra opción es usar su propio nombre ya que una vez que haya ganado el estado de expertos en su nicho, probablemente encontrará que la gente comienza a buscar activamente su nombre.

Si su negocio está dedicado a un nicho específico, entonces definitivamente asegúrese de hacer esto mientras su blog se convierte en el punto central de su negocio. Echa un vistazo a los mejores vendedores de Internet - casi todos ellos han registrado su propio nombre como. Com, y la mayoría de estos parecen vincularlo a su propio blog personal.

Ahora que usted tiene un dominio, así como el espacio web, puede seguir adelante con su blog. ¿Pero qué herramienta debe usar para crear el blog?

Para crear un blog necesita un CMS (Content Management System), o un sistema para la gestión del contenido que usted sube; Un sistema que le permite crear, modificar y posiblemente eliminar páginas o artículos del sitio, y que también le ayude a organizar los menús, categorías, administrar comentarios, etc.

Con respecto a la CMS, usted puede encontrar un increíble número de alternativas en Internet. Algunos son softwares de código abierto (libremente disponibles y editables) como Joomla, Wordpress y Drupal.

Aquí otra vez, usted puede confundirse sobre qué ruta tomar. Pero en mi opinión, la mejor manera de crear y administrar un blog es Wordpress.

Cuando se administra un blog o un sitio web con CMS, hay que tener en cuenta muchos aspectos: la sencillez de la utilidad de software, la optimización de la indexación de los motores de búsqueda, la frecuencia con la que se actualiza, la presencia o ausencia de soporte comunitario (y su magnitud), La capacidad de añadir componentes externos (plugins), la posibilidad de personalizar el número de características, etc.

Wordpress lo tiene todo.

Es muy fácil de usar. Usted no necesita saber ningún lenguaje de programación o tener ninguna habilidad técnica particular. Se instala en minutos.

Los motores de búsqueda aman Wordpress y por lo tanto su sitio web o blog será optimizado automáticamente.

Hay 100% de flexibilidad cuando se trata de personalización de contenido. Hay miles de plantillas gráficas, gratuitas y de paga, que puedes usar para cambiar el diseño de tu sitio web, así como los complementos adicionales para ampliar la funcionalidad.

Gracias a la increíble cantidad de desarrolladores que trabajan con este CMS, Wordpress le da la fluidez para agregar sus propias funciones personalizadas a su sitio sin tener que pagar necesariamente a un desarrollador para instalarlas, ya que lo más probable es que ya haya sido desarrollado por Alguien en forma de complementos (el complemento es un módulo adicional que se instalará en el CMS).

Como CMS es muy utilizado, también goza de un impresionante apoyo de la comunidad y varios documentos en línea.

Por lo tanto, es muy fácil encontrar foros de discusión y sitios que hablan de Wordpress.

Crear un blog con Wordpress es una operación relativamente simple.

1. Si está utilizando Hostgator, como le aconsejo, vaya a cPanel y haga clic en "Quickinstall".

2. Siga los pasos relativos a su dominio.

3. Inserte el título que desea para su sitio web en "título del blog".

4. Admin User: usuario principal que inicia sesión.

5. Admin Email: correo electrónico principal de su sitio web (puede crear su correo electrónico personal en cPanel)

6. Una vez finalizada la instalación, copie su nombre de usuario y contraseña y compruebe su correo electrónico de administración para ir al enlace de su sitio web e inicie sesión con sus credenciales.

7. Cambie su contraseña, la primera vez que inicie sesión en su cuenta.

8. Luego haga clic en "settings" en la barra lateral, vaya a

"permalinks"; Cambiar en "Nombre del puesto".

9. Haga clic en los complementos y selecciónelos todos para desactivarlos.

10. Ahora puede eliminarlos todos porque no son realmente necesarios y pueden ralentizar su sitio web.

11. Ahora haga clic en "apariencia", elija su tema preferido (yo personalmente aconsejo "Básico").

12. Instalar y activarlo.

13. Si desea crear una "página que viene pronto", agregue un nuevo complemento llamado "modo de mantenimiento de wp" y edítelo como prefiera. Después de guardar los cambios en cada sección, debe cerrar la sesión para ver cómo aparece.

14. Pero si desea simplemente ocultar su sitio web hasta que se termine, puede utilizar una opción disponible en "Todo en un WP Seguridad y Firewall", que voy a mostrar en un tiempo.

15. Ahora solo tienes que "jugar" con el tema que escogiste todo lo que puedas, para dominar el proceso.

16. Para agregar contenido, haga clic en "publicar" en la barra lateral y haga crecer su blog paso a paso.

Usted debe romper su publicación en pequeños párrafos cada cual con un título, si es posible, como los lectores de Internet tienden a explorar la pantalla en busca de información relevante en lugar de leer todo palabra por palabra.

Asegúrese de que sus colores no contrasten con demasiada dureza y que el texto sea fácil de leer. El uso de un buen diseño hará que su blog sea estéticamente agradable y haga que los lectores tengan más probabilidades de volver y permanecer en su página.

IMPORTANTE:

Si no puede llegar a su sitio web escribiendo "www", vaya a cPanel, luego "Editor de Zona Avanzada", seleccione su dominio y busque "www.sudominio.com".

Editar -> Tipo: CNAME y CNAME: yourdomain.com; Editar registro.

Así que cualquiera que escriba "www.yourdomain.com" será redirigido a "yourdomain.com"

Cómo hacer que su sitio web sea seguro

Le aconsejo que preste atención a cada detalle que he mencionado sobre el cambio de la configuración. Depende totalmente de ti decidir si aplicarlas o no (simplemente estoy mostrándote los ajustes que personalmente configuro que funcionan muy bien y son seguros).

Para cada sección, tienes que hacer clic en "guardar configuración" para guardar los cambios.

1. Haga clic en "plugin" y agregue "Todo en un WP Security & Firewall".

2. Actívela y vaya a "Settings".

3. Haga clic en "WP Version info" y marque "Remove WP Generator Meta Info".

4. Haga clic en "Username" en la barra lateral, vaya a "Your Profile"; Asegúrese de que su "Username" y "Nickname" son diferentes.
Utilizará el "Username" para iniciar sesión en la plataforma de su sitio web y su "Nickname" se vería públicamente, por lo que también debe cambiar "Display Name Publicy", de acuerdo con su nuevo "Nickname".

5. Ahora haga clic en WP Security en la barra lateral, vaya a "User Accounts"; Haga clic en "Password" y escriba su contraseña actual para comprobar cuánto tiempo tarda en descifrar su contraseña.

Si dice "days" o "week", se recomienda cambiar su contraseña.

6. Haga clic en "User login" y marque todas las opciones **excepto** "Instantly lockout invalid usernames" y guarde la configuración.

7. "Failed login records" mostrará todas las direcciones IP que intentan acceder a su sitio web. Usted puede necesitarlos para las investigaciones de seguridad y si desea bloquearlos, vaya a "blacklist manager" en la barra lateral y ponga el I.P. debajo de "Enter I.P. Adresses ".

8. "Logged in users" muestra al usuario actual que ha iniciado sesión.

9. Ahora vaya a "User registration" y marque las opciones en ambas secciones.

10. Haga clic en "Database security" y luego en "DB Backup"; Marque ambas opciones y ajústelas en 2 semanas.

11. Vaya a "filesystem security" y asegúrese de establecer cada "Recommended action". Cada uno de ellos debe ser verde.

12. En la sección "PHP File Editing", marque la opción disponible.

13. En la sección "WP File Access", marque la opción disponible.

14. Vaya a "Firewall" en la barra lateral y marque la primera opción "Enable Basic Firewall".

15. En la sección "Prevent hotlinks", marque la única opción disponible y guarde la configuración (como siempre).

16. En la sección "Login Captcha", marque todas las opciones.

17. En la sección "Honeypot", marque la opción disponible.

18. Vaya a "SPAM Prevention" y marque ambas opciones.

19. Vaya a "Scanner" e indique ambas opciones.

20. Si desea ocultar su sitio web, vaya temporalmente a "Maintenance" y marque la opción.

21. Vaya a "Miscellanous" ◊ "Frames" y marque la opción.

Cómo obtener SSL y HTTPS gratis en su sitio wordpress

SSL (Secure Socket Layer) es la tecnología de seguridad estándar para establecer un enlace cifrado entre un servidor web y un navegador. Este enlace seguro garantiza que todos los datos transferidos permanezcan privados.

Millones de sitios web usan el cifrado SSL todos los días para asegurar las conexiones y mantener los datos de sus clientes a salvo del monitoreo y la manipulación.

Aquí es por qué se debe utilizar SSL y por qué cada sitio web en Internet debe ser servido a través de HTTPS:

Rendimiento: El SSL moderno puede mejorar los tiempos de carga de la página.

Search Ranking Boost: Los motores de búsqueda favorecen los sitios web HTTPS.

Seguridad: El cifrado del tráfico con SSL garantiza que nadie pueda analizar los datos de los usuarios.

Confianza: al mostrar un bloqueo verde en la barra de direcciones del navegador, SSL aumenta la confianza del visitante.

1. Vaya a www.cloudflare.com y bajo "productos", seleccione "SSL"

2. Desplácese hacia abajo y seleccione "plan libre", regístrese y añada su dominio.

3. Ahora está listo para completar los siguientes tres pasos que le pedirá que confirme sus registros DNS, elija un tipo de plan y cambie el nombre de sus servidores, en su plataforma de alojamiento / dominio, apunte a Cloudflare.

4. Después de cambiar los nombres de los servidores, haga clic en "continuar" y compruebe la situación.

5. Ahora vaya a su tablero de Wordpress y agregue un nuevo complemento

"Wordpress Https (SSL).

6. Instálelo y actívelo.

7. Ahora regrese a su cuenta en cloudflare y en el encabezado, haga clic en "Page Rules"

8. En "Add new rule", agregue: http://yourdomain.com/* y establezca "always use https" ON, luego haga clic en "add rule".

9. También agregue: http://www.yourdomain.com/* y ponga "always use https" ON, entonces haga clic en ON "add rule".

10. Puede tomar un cierto tiempo antes de conseguir activarlo.

Cómo hacer una copia de seguridad / restaurar su sitio web de Wordpress

1. Vaya a cPanel, haga clic en "Backup" y descargue la copia de seguridad "Home directory".

2. Ahora vaya a su dashboard en wordpress y descargue "UpdraftPlus Backup / Restore".

3. Actívela y vaya a la configuración para establecer una copia de seguridad "weekly" de su sitio web en ambas opciones.

4. Elija su almacenamiento remoto (Dropbox es mejor).

5. Marque la opción de correo electrónico y guarde la configuración.

6. Siga el procedimiento para conectarlo a su cuenta de Dropbox.

7. Puede que algunas veces la copia de seguridad aparezca en la página del complemento (se enviará una copia a su cuenta de Dropbox)

8. Si algo va mal con su contenido o la hackean, simplemente vaya al complemento y haga clic en "Restore".

Capítulo 5

La estrategia definitiva para crear un blog exitoso

Ahora usted tiene su blog publicado, pero todavía está en la fase inicial. Si ha seguido todos los pasos anteriores, ahora debe tener un blog que se mira bien y que está optimizado para los motores de búsqueda.

Ahora es el momento de empezar a crear lo más importante: el contenido.

El contenido es la clave para ganar dinero con tu blog. Puedes tener todos los widgets, plugins, bells y whistles, pero si tu contenido no hace que la gente se quede, entonces todo es nada.

Hay muchos que empiezan un blog con un tremendo entusiasmo, pero sólo dura un mes o dos. Simplemente sucede porque no pueden ver la respuesta que estaban esperando.

Dos razones principales para lo mismo:

• El desconocimiento de que la gestión de un blog requiere compromiso y constancia.

• Falta de una estrategia adecuada para la creación de contenidos.

Es un hecho que es casi inevitable no dejar que un blog "robe" una gran parte de su tiempo y recursos.

Necesita una estrategia clara para crear contenido exitoso y trabajar de una manera organizada para evitar lo que no funciona. Las cosas son realmente importantes, especialmente en los primeros meses después de lanzar su blog.

Este es el momento durante el cual la mayoría de los Blogger abandonan su propia aventura. Ser consistente le ayudará a mejorar su trabajo mucho más rápidamente, crecerá un público calificado y obtendrá a los fans que compartirán voluntariamente sus enlaces. No sólo ayuda en la mejora de la indexación en los motores de búsqueda, sino también en la elevación por encima de la mediocridad.

Pero aquí hay algunos consejos que le ayudarán a convertirse en un Blogger exitoso.

Escríbalo y dale tu personalidad (la mejor opción)

Si puede escribir una carta, puede escribir una entrada en el blog. Esa es una buena mentalidad - pensar acerca de sus lectores como amigos, a los que usted les está escribiendo una carta. Usted querrá hacerlos reír, recomendar un producto que le ha ayudado, e infundir su personalidad a través de la letra.

¿Cómo puedes llenar tu contenido con tu personalidad?

Deje a su lector saber su historia. Déjelos entrar en su vida proporcionando fragmentos de información. Esto mostrará a su lector que usted es humano - un ser humano con el que puede relacionarse.

A la gente le encanta leer historias, así que asegúrese de que sus publicaciones en el blog tengan algunas. Esta puede ser la historia de cómo lograste algo, cómo superabas algo, cómo desarrollaste tu interés en tu tema y cosas así.

Por supuesto, con historias como estas, también puede pedir a sus lectores que compartan sus historias también, para que todos puedan aprender unos de otros. Que la interactividad deba ser el objetivo final en sus esfuerzos de escritura en el blog, y es difícil de lograr a menos que escriba el contenido usted mismo.

• Otros tipos de historias pueden incluir cosas que suceden a tu alrededor

• Una conversación que podría haber escuchado y cómo se relaciona con el tema de su blog

• Su opinión sobre algo que sucede en las noticias, y cómo le afecta

• Algo que lee que le dio una onda cerebral

• Lo que tus hijos hicieron para hacerte reír y cómo te recuerda las cosas importantes de la vida

• Cosas que usted le dice a sus amigos

Mantenga un bloc de notas con usted en todo momento y anote cualquier cosa interesante que le suceda.

¿Puedes relatar ese fragmento interesante o algo en tu blog (aunque sea un enlace realmente tedioso, ya que esto hará que tus lectores sonrian)?

¿Hará que sus lectores lo vean como más humano? Estos son los secretos de un buen contenido en tu blog.

Conoce a tu público - Defina tu avatar

Una vez que haya establecido su nicho, usted necesita conocer el perfil medio de los individuos que pertenecen a él, con el fin de entender sus problemas, necesidades, objetivos y aspiraciones.

Una manera muy útil de hacer esto es crear el llamado "Avatar", una tarjeta completa que contiene toda la información demográfica, personal y profesional, para saber quién podría ser su visitante ideal.

De esta manera, usted será capaz de entenderlos mejor y por lo tanto producir contenido más adecuado y relevante para resolver sus problemas.

Defina los temas principales de tu blog

Ahora que usted entiende las necesidades de su nicho, comience a definir los problemas que usted puede tratar en su blog. Por lo general, es una buena práctica comenzar escribiendo en 2-3 categorías principales de temas.

Organice su trabajo

No te pierdas en un mar de ideas, notas, borradores de artículos, etc. Se recomienda usar programas o dispositivos que te ayuden a organizar el trabajo y mantener todo el material sincronizado.

Puede utilizar Evernote para tomar notas, organizar y archivar, ya que está disponible en todas las plataformas y sincroniza todo entre su teléfono, tableta y computadora de forma automática. O Google Drive se puede utilizar para crear un editorial de calendario. Le ayudará a centrarse en lo que es realmente importante para alcanzar su meta.

Cree artículos influyentes

Incluso después de haber hecho su plan editorial y seleccionado el tema adecuado para discutir, necesita escribir su contenido de una manera atractiva que ayude al lector, además de ser optimizado para SEO y motores de búsqueda.

Siempre recuerde escribir para los lectores y no para usted.

Promueva, Promueva y Promueva

Usted puede tener el mejor blog en el universo. Pero, si no haces todo lo posible para que la gente sepa que está ahí, nadie lo verá.

Hay muchas técnicas de promoción y marketing que puede utilizar para llamar la atención sobre sus esfuerzos. Por ejemplo, envíe su sitio a los directorios del blog. Envíe los mejores, las publicaciones más interesantes a los sitios sociales, como digg, StumbleUpon, y hacer uso de sitios como Technorati.

Publicar regularmente

Una vez que empiece a recibir visitantes, desee hacer todo lo posible para tratar de hacerlos volver. Y la forma de hacerlo es añadiendo contenido fresco y nuevo a su sitio regularmente.

Si los visitantes visitan un blog que no se ha actualizado en una semana o incluso un mes, podrían suponer que probablemente no se actualizarán en breve, por lo que hay pocas razones para volver a ese sitio.

Pero si ven que un blog ha sido actualizado en los últimos días, y se ha actualizado sólo unos días antes, supondrán que el nuevo contenido probablemente se añadirá pronto, y hará un punto para que vuelvan a ver lo que hay de nuevo.

Actualizarlo diariamente sería mejor, pero podría no ser práctico para usted. Pero usted debe intentar actualizarlo por lo menos dos o tres veces a la semana.

Responda a los comentarios

Te hará sentir bien cuando los visitantes se toman el tiempo para dejar comentarios a tus publicaciones. Y los visitantes se sienten bien cuando responde a sus comentarios. De hecho, tendrán más probabilidades de volver a tu blog y comentar tus futuros posts.

Cada Blogger espera que su blog sea un éxito, y que atraiga un montón de visitantes. Y, al poner este consejo de blogs en acción, usted estará bien en su camino a tener un blog exitoso.

Dirigir el tráfico hacia la conversión

La mayoría de los visitantes que visitan su sitio pueden no volver a él. Por lo tanto, es necesario inducirlos a realizar la acción que desee.

Así que dé el primer paso hacia su meta por métodos como la grabación de boletín, la compilación de un cuestionario, el envío de un formulario de contacto, solicitando una cotización, etc.

Sugerencia adicional de contenido: Ponga vídeo en su blog

A todos les encantan los videos. La adición de videos hará que sus lectores permanezcan en su blog por más tiempo y también son ideales para el tráfico.

Puedes crear tus propios videos o puedes encontrar un buen video relacionado en YouTube, que puedes incrustar una entrada de blog. Vamos a ir rápidamente a través de ese proceso, para que pueda ver lo fácil que es esto.

Vigile, corrija y repita continuamente

La clave para crear un blog exitoso es monitorear constantemente los resultados, ver qué funciona mejor, eliminar lo que no funciona y experimentar continuamente con nuevas técnicas, temas y diferentes tipos de contenido.

A veces, también puede conducir a redefinir su objetivo principal, causando una repercusión en cascada de todos los otros puntos que acabo de enumerar.

¿Cuánto tiempo dura este proceso antes de ver los primeros resultados?

La pregunta más frecuente cuando hablamos de crear un blog exitoso es probablemente el tiempo que tarda en ver los resultados.

Desafortunadamente la única respuesta que se adapta a todas las situaciones es que el tiempo necesario para obtener los primeros resultados con su blog varía dependiendo principalmente de su objetivo.

Si su principal razón, por ejemplo, es ganar con un blog, entonces podría crear un info-producto (que puede ser una guía de cómo hacerlo) y medir sus resultados en base a la venta de ese producto. Si vende "XXX" libros electrónicos o guías de video dentro de los primeros 6 meses, entonces se podría decir que ha alcanzado su meta.

Si su objetivo es desarrollar su reputación y hacerse popular en la web, entonces puede ser medido sobre la base de los comentarios, entradas y seguidores que ha ganado en la red social. Tal vez tomaría un poco más de tiempo.

Aparte de su objetivo, los resultados varían dependiendo de su nicho de mercado o la industria. Pero recuerde que tener un blog y publicar contenido valioso y útil automáticamente lo convierte en un experto en su nicho.

Posicionarse como un experto puede ayudarle a:

Aumentar la relación de confianza con el lector, vender más productos, crear liderazgo reflexivo, entrar en contacto con los nombres populares de su industria, crear una importante red de influenciadores.

Estos son algunos de los beneficios que puede obtener al publicar contenido de calidad con constancia.

La mayoría de las técnicas necesarias para un blog exitoso vienen con experiencia y probar en el campo lo que funciona y lo que no funciona.

¿Cómo los Bloggers exitosos ganan dinero?

Esta es la pregunta a la que probablemente esperó una respuesta a lo largo de la lectura de este libro. ¿Cómo puedes ganar con un blog? ¿Cuáles son las técnicas más difundidas?

A menos que usted abra un blog de chismes o de deportes, u otro macro-tema buscado por la gente, puede evitar google adsense o métodos de publicidad tradicionales (banners o enlaces). Estos métodos molestan a los lectores, ya que son poco inherentes al contenido de su blog y se convierten en algo invasivo.

Por otra parte, banners y servicios como Google Adsense le hará ganar algo sólo si usted tiene un blog capaz de obtener un mínimo de 10000 visitantes únicos al día (visitante único se refiere a una persona que visita un sitio al menos una vez. Sólo se contabilizaron una vez durante el período de notificación).

El proceso que debe seguir para obtener los mejores resultados posibles es:

1. Estudiar el mercado

2. Crear un blog profesional

3. Asombre a los lectores con un contenido increíble

4. Cree una relación con los lectores

5. Cree una relación con otros influyentes en su mercado

6. Publique un artículo en sus blogs

7. Trabaje con las emociones de las personas

8. Cree una página de Facebook y empiece a vincular sus mensajes en él.

9. Pregunte a sus lectores lo que quieren y lo que están buscando, a través de un formulario de Google.

10. Según los resultados de Google Form, cree productos digitales que son inherentes al contenido de su blog y vendalos

11. Venda productos de terceros a través de marketing de afiliados

12. Una vez que comenzó a vender, utilice los anuncios de Facebook para aumentar su tráfico.

¿Qué productos crear?

Seamos claros sobre una cosa. Si sigue los pasos dados en este libro electrónico, los lectores simplemente adorarán su contenido. La gente que te sigue no tendrá suficiente tiempo para poder leer todo lo nuevo escrito por usted, necesita desarrollar en ellos la confianza profesional y la estima hacia usted.

Cuando los lectores tienen este sentido de confianza hacia usted, sienten como el deseo de comprar su libro (ebook), su producto o probar los servicios que usted aconseja. ¡Y, por lo tanto, es posible ganar con un blog!

Te aconsejo que recuerdes una cosa: desde el momento en que lanzas el blog, comienzas a darte cuenta de tu producto. Un gran número de Bloggers dicen que es imposible ganar con un blog, sin siquiera haber tratado de vender algo. ¡La verdad es que la gente no tiene tiempo para comprar sus productos, para esto es necesario proporcionarles uno!

Escribir un libro electrónico (ebook)

¡Escribir un Ebook es realmente fácil! Usted no necesita ser un escritor profesional para darse el lujo de expresar su conocimiento en forma de un documento de texto y ganar con un blog.

El número de páginas no importa. Incluso si contiene 50-100 páginas, puede ser un éxito si contiene contenido increíble y útil.

La otra cosa importante que usted necesita es una página de aterrizaje, es decir una plataforma para ayudarle a persuadir a sus lectores para comprar su libro.

Encontrarás un montón de guías y tutoriales para obtener una buena página de destino en la web (por ejemplo, Google). Aunque yo, sin duda, sugeriría "Leadpages", ¡el líder indiscutible en el mundo para crear una gran página de destino! Es la plataforma que te permite recopilar contactos y contactos de clientes de las páginas de destino, formularios emergentes, medios sociales, mensajes de prueba y correo electrónico. Su sencilla interfaz y optimización integrada le ayuda a hacer crecer su negocio en línea (y fuera de línea).

¡La página de destino puede ayudarle a vender más, atraer nuevos clientes y ganar con la ayuda de un blog!

Además de los métodos tradicionales de papel, puede vender sus productos con una cuenta paypal. Muchas guías están disponibles en línea que lo hacen aún más fácil.

Mantén la calma, hay tiempo para aprender todo y lo más importante es tener éxito con tu blog.

Crear su propio producto

Crear un producto para vender es realmente simple. Puede ser digital o no. Para aclararme, les daré algunos buenos ejemplos:

• Si eres un Blogger de moda, puedes ganar con un blog que vende camisetas diseñadas por ti. Obtenga un contrato con una empresa de f abricación de lo mismo.

• Si es un escritor, puede vender su novela.

• Si usted es un experto en bonsái, puede vender una guía sobre el cultivo de bonsái.

• Si usted es un webmaster, puede vender un libro sobre el desarrollo web o puede vender sus servicios para crear sitios web profesionales.

• Si usted es un experto en cierta disciplina o arte marcial, puede organizar eventos o seminarios durante unos días en la ciudad donde tiene más lectores.

• Si usted es un chico de IT, puede ganar con un blog que vende su complemento para wordpress o para su aplicación.

Los ejemplos son infinitos.

Afiliar al mercado

Podría ser el caso que usted no tenga su propio producto para vender, tal vez porque no es capaz de darse cuenta o tal vez debido a la falta de tiempo.

Ganar dinero con un blog sigue siendo posible. La comercialización del afiliado viene aquí. Le permite anunciar productos de terceros y obtener un porcentaje de la venta.

Por ejemplo, supongamos que tienes un blog de fútbol y no sabes exactamente qué vender. Usted puede mencionar sobre la biografía de Messi su artículo y proporcionar un enlace a amazon para las personas interesadas en comprar el libro (aprovechando el Programa de Afiliados de Amazon). De esta manera, usted puede ganar dinero para cada visitante que compra el libro de amazon a través de su enlace.

Amazon y muchas otras empresas le permiten unirse a ellos y ganar en sus productos (incluso más del 10% del precio de venta). Para unirse a su programa, no necesita ponerse en contacto con la empresa o seguir un procedimiento complejo, sólo tiene que suscribirse a su programa de afiliados.

Para encontrar sus programas de afiliados, ponga en Google el nombre de la empresa seguido de "Programa de afiliados". Ejemplo: "Programa de afiliación de Amazon".

Tenga siempre en mente encontrar un producto para afiliarse que sea relevante al tema de su blog. Usted hace un buen trabajo al deslizarlo adentro, usted puede hacer algunas ganancias de esta manera. La comercialización del afiliado paga generalmente más por venta que lo que haría por tecleo con otras formas de publicidad, pero usted tiene que hacer que los visitantes den clic en su enlace de afiliado y compren el producto.

La mejor manera de asegurarse de que los lectores compren los productos de afiliados es elegir los productos en que su público estará interesado y que son relevantes para su blog.

Cerciórese de que el producto que usted está intentando vender apelará a sus lectores y que usted puede hacer un buen trabajo al incluirlo en su blog sin parecer desesperado. Mantenga sus intentos de marketing naturales y asegúrese de que encajan con el flujo de su blog.

También puede encontrar oportunidades de marketing de afiliados en sitios web que se especializan en conectar empresas con editores.

Lo bueno de usar uno de estos sitios web es que usted tiene una enorme lista de productos para elegir el formulario y el sitio web administrará sus pagos y realizará un seguimiento de sus estadísticas de venta. Aquí está una lista de sitios web que puede utilizar para encontrar oportunidades de marketing de afiliación.

Clickbank

El sitio web de marketing de afiliación más popular, Clickbank ofrece a los Bloggers una gama vertiginosa de productos del mercado para afiliarse. Todos sus productos son productos digitales, tales como libros electrónicos e informes.

Usted puede encontrar cosas en prácticamente todos los productos, organizados por categoría. Así que no importa de que sea su blog, lo más probable es que usted pueda encontrar un producto de afiliados en Clickbank. Los pagos van desde unos pocos dólares por venta a cincuenta dólares o más.

Jvzoo

Como Clickbank, usted recibirá comisiones instantáneas pagadas directamente a su cuenta de PayPal mediante la promoción de cualquiera de los productos que los vendedores en VZoo tienen a la venta. Es gratuito convertirse en un afiliado en **JVZoo** y tendrá acceso instantáneo a todas sus herramientas de afiliados y formación.

La comercialización del afiliado puede ser una gran manera de hacer dinero de su blog. Recuerde mantener sus intentos de marketing naturales y tratar de no "vender", más que tener un buen rango o dar información. La mayoría de los sitios web de afiliados que le conectan con los productos al mercado mantendrá un registro de sus ingresos y estadísticas que los hace muy conveniente.

Consultoría y Servicios Profesionales

Si tuviera que crear un blog, confiaría el trabajo a una agencia web desconocida o a mi Blogger y experto favorito que he seguido durante años. ¿Qué piensas?

Definitivamente iría con este último porque he conocido su experiencia durante años en sus artículos en profundidad.

Si usted es un pintor, puede subcontratar puestos de trabajo. Si usted es un diseñador, puede vender sus camisetas. Si usted hace joyería, usted puede vender sus creaciones. Si usted es un webmaster, puede vender sus servicios.

¡Servicios de consultoría para un mercado increíble! ¿Usted nunca soñó ser capaz de ganar trabajando desde el hogar?

Los títulos de tus publicaciones determinan el éxito de tu blog.

Los títulos de tus publicaciones son la primera - y quizás la única - herramienta con la que puede hacer la mejor primera impresión en un lector potencial.

Sin una promesa inicial que convenza al visitante de transformarse en el lector, el resto de las palabras contenidas en su artículo nunca se leerán.

Por cada 10 personas, 8 sólo leen el título de la publicación y sólo 2 leen el contenido completo.

Es por esta razón precisamente que escribir títulos atractivos es una de las competencias básicas de los Bloggers de alto nivel.

Estas dos razones son más que suficientes para convencerte de lo mismo:

• Si la gente no lee su artículo, el tiempo dedicado a escribirlo es un desperdicio.

• Si una persona lee un artículo entero significa que él / ella está agradablemente satisfecho por su contenido y por lo tanto habrá más razones para compartirlo con otras personas.

Además, la duración de la lectura parece ser proporcional al interés desarrollado en el visitante por el título del artículo, siempre que la calidad del contenido no se vea comprometida.

Si alguna vez has leído un blog con títulos fascinantes, ciertamente has experimentado la llamada sensación de "hambre de leer": una experiencia mística que induce a tu mente a percibir cada artículo que consideras esencial.

Mientras que visita este tipo de blogs, usted termina ahorrando docenas de publicaciones en favoritos por miedo de perderlos.

Capítulo 6

Errores mortales que llevan tu blog al fracaso

¿Cuáles son algunos de los errores de blogs más comunes?

Puede iniciar un blog con relativa facilidad. Es por eso que mucha gente se siente atraída a hacerlo. Y el hecho de que usted puede realmente hacer dinero escribiendo sobre las cosas que te interesan hace el que hacer un blog sea aún más atractivo.

Una vez que haya pasado un montón de su valioso tiempo y energía reuniendo todo para un buen blog, sería una pena si unos pocos errores fácilmente evitables perjudicaran sus posibilidades de obtener un beneficio de sus esfuerzos. Pero hacer pasos en falso al promover su blog puede afectar la cantidad de dinero que hace a largo plazo.

Si usted quiere ganar dinero como un Blogger, aquí están algunos errores de blogs que debe tratar de evitar.

No estás diferenciado

El blog sirve para crear una marca (de negocios o personal). Si quieres ser notado necesitas destacar entre la multitud.

Usted necesita encontrar su acercamiento personal. Encuentre su singularidad. No estoy hablando de tomar la llamada que se aplica sólo a usted. Los intereses y los problemas de las personas son bastante definidos, no es necesario inventar uno nuevo, sólo hay que encontrar su propia manera de tratar con ellos.

Falta de Promoción

Innumerables Bloggers han tenido esta experiencia. Pasan horas preparando su blog. Luego toman un descanso, y salen a hacer algo divertido por unas horas. Cuando regresan, esperan ver que su blog haya tenido decenas de visitantes. Pero están desalentados al descubrir que ningún nuevo espectador ha visitado su blog.

Nadie va a saber que su blog está allí a menos que usted les cuente. Y un blog sin visitantes no hará dinero.

Usted puede conseguirlo con la comercialización del artículo, o bookmarking social, o diciendo a gente por mensaje sobre ella. Hay un montón de consejos en línea sobre las maneras de promover un nuevo blog. Tome ventaja de eso.

Publicar el mejor post en tu blog

Es una extensión del punto anterior.

En la fase inicial, su mejor post termina publicado en el blog de otra persona. ¿Te hace triste?

En vez de perder el corazón, comience a cultivar una visión del futuro cercano.

Recuerde no escribir mensajes de invitados de tercera clase sólo para un enlace. Si desea llamar la atención de los lectores, ponga su contenido donde la gente pueda verlo y apreciarlo.

No digas lo mismo que todo el mundo. Lo que se mezcla se hace caso omiso, lo que se destaca se recuerda. Es así de simple.

No está trabajando en marketing de redes sociales

La explotación estratégica de Facebook, Twitter & Co. requiere el uso de herramientas específicas. Aquellos que hacen dinero en línea invierten dinero en el uso de estas plataformas. Y antes de invertir, han adquirido una considerable experiencia en el uso de redes sociales.

Cuando eres nuevo en el mercado, dedicar tiempo y atención a comprender cómo aprovechar Google Plus puede parecer una pérdida de tiempo. Pero en el futuro será útil.

Mientras que los sitios de noticias sociales como Digg solían ser las fuentes de tráfico más buscadas para los Bloggers, Facebook y Twitter son mucho más productivos para la mayoría de los Bloggers en este momento. Si usted puede construir un perfil decente en cualquier sitio usted puede ayudarse a sí mismo a hacer que los visitantes vuelvan a su blog al compartir enlaces a de esos sitios.

Si tienes un perfil en estos sitios asegúrate de que lo estás enlazando a tu blog para que sea fácil para tus visitantes encontrarte allí, y si aún no tienes perfiles en Facebook y Twitter, ahora es un buen momento para comenzar.

Vaya "En Vivo" Pronto

Si bien la promoción de su blog es importante, usted tiene que saber cuándo empezar a promocionarlo.

Si quieres ganar dinero en blogs, probablemente quieras empezar a contarle a la gente lo antes posible. Pero no quieres introducir tu blog en el mundo demasiado pronto.

¿Alguna vez visitó un blog que sólo tenía uno o dos posts muy cortos? ¿Decidiste que este blog era una gran fuente de información interesante, y que tenías que volver a visitarla pronto?

Probablemente no.

Si usted ha ido a través de todos los problemas para conseguir que la gente visite su blog, quiere darles algo tan bueno, que quieran volver por más.

No comience a promover su blog hasta que tenga 5 o 10 puestos buenos. Esto sólo le llevará una semana o dos para lograrlo. Cuando los visitantes ven que tienen mucho contenido bueno y se actualizan regularmente, es mucho más probable que hagan una visita de vuelta.

Si usted pone en el tiempo la creación de un buen blog, usted debe cosechar los beneficios. Y, evitando estos errores comunes de los blogs, usted aumentará diez veces sus ocasiones del éxito.

Escribir demasiados mensajes

A nadie le importa si escribe 8.000 mensajes al mes o sólo dos. Lo que cuenta es cuánta gente los lee.

Añadir más contenido no le ayuda a conseguir más lectores. Las matemáticas simplemente no funcionan.

El secreto reside en su capacidad para promover el contenido que ya tiene, porque si usted tiene algo que sólo fue visto por 100 personas, lo más probable es que hay miles de personas en el mundo que también pueden beneficiarse de lo que escribió.

La única forma segura de recoger una audiencia en menos de diez años es obtener el apoyo de aquellos que tienen una audiencia más grande.

Sí, estoy hablando de redes y puestos de invitados. En lugar de escribir cientos de mensajes, empiece a construir una relación con los Bloggers que ya tienen una plataforma activa. Encuentre una manera de poner su contenido en un blog que alguien lea, en lugar de publicarlo en una plataforma desierta.

No vender nada

No importa si es un fracaso o si nadie lo compra.

Poner algo a la venta lleva adelante a su blog como que:

1. Usted obtiene una respuesta clara de la gente.

2. Usted demuestra que es un experto. Tal vez no sea el mejor, pero está bastante seguro de ofrecer soluciones a los problemas de los lectores.

3. Haces que la gente entienda que lo haces seriamente. Y esta seriedad vale la pena para mantener a su audiencia.

Ciertamente ponga algo genuino a la venta. Si la gente siente que les está dando algo, comienzan a creer que tiene un proyecto concreto y está trabajando para crear algo más que el habitual de 3 artículos y detener el blog.

Establezca el objetivo de vender algunos productos / servicios en el primer año de la vida de su blog.

No crear una lista de correo electrónico

Si usted tiene la costumbre de leer blogs o foros, debe haber escuchado el eslogan "El dinero está en la lista", siento que es un cliché popular porque es cierto.

Si crea una lista, tiene una audiencia instantánea cada vez que publica una nueva pieza de contenido. Usted tiene gente que confía en usted y en sus recomendaciones, si usted quiere vender su propio producto, o recomendar productos de afiliados o simplemente promover nuevas publicaciones en el blog.

Comentar desde cualquier lugar

Si usted es uno entre muchos lectores que comentan sobre una publicación, entonces es obvio que usted querría una respuesta del autor del artículo, y no cualquier persona.

Si quieres ir por este camino para hacer feliz a tus lectores, elige solo un blog. Encuentra tu camino con tus comentarios para hacer una marca y responder como el autor del artículo.

Los que miran los comentarios deben darse cuenta de que el Blogger se tomó la molestia de dar respuestas en profundidad y no sólo por el bien de la formalidad.

Esto lo distingue de los medios de comunicación y te hace digno de atención.

Capítulo 7

Los secretos para producir siempre contenido excelente en tu blog

Si publica contenido de manera regular, venderá más. La historia es la siguiente: Contenido -> Tráfico -> Visitas -> Ventas

Incluso cuando entras en el proceso de publicidad, no puedes prescindir del contenido. Para no tirar tu presupuesto publicitario, debes dirigir el clic de tu anuncio hacia algún tipo de contenido. Por lo tanto, conduce al tráfico "caliente", que podría entonces considerar la compra de sus productos o servicios.

Como instrumento de promoción, el contenido como el vídeo, el audio o el texto es fantástico.

Pero si alguna vez has intentado operar un blog, un canal de Youtube o cualquier otro canal de promoción a través del contenido, sabes que hay un "pequeño" problema. El marketing de contenido es una bestia voraz que debe nutrirse constantemente con nuevas creaciones.

Sé lo exigente que es administrar la escritura de contenido y luego la comercialización. Y sé el horror de mirar la pantalla del ordenador y me pregunto "¿Qué debo escribir para el post de mañana?"

Aquí, le ofrezco una variedad de herramientas, técnicas y consejos para nunca quedarse desprovisto de ideas. Cuando hayas terminado de leer, tendrás a tu disposición un vasto arsenal. En cada paso, aprenderás algo nuevo sobre la manera correcta de producir ideas para decenas de artículos (o cualquier otro tipo de contenido, a decir verdad).

Encuentre una manera de guardar sus ideas porque son útiles sólo cuando no se pierden. Hay cientos de maneras de hacerlo. Usted necesita encontrar la que más le convenga. Cualquier herramienta que elija para ello debe ser accesible a usted en cualquier momento para que pueda anote la idea tan pronto como cruce su mente.

Lo que es más importante es agregar todos los detalles relevantes a cada idea que sería importante, para reconstruirla en el futuro. Si revisas y almacenas anotaciones con regularidad, sería más fácil redescubrir sus ideas.

No importa qué herramienta escoja, lo que importa es que debería funcionarle a usted.

Investigar los intereses de la comunidad en línea

Para cualquier nicho, es seguro encontrar al menos una comunidad en línea. Podría ser un foro de "estilo antiguo", un grupo de Facebook o cualquier otra plataforma. Hay un lugar virtual donde los aficionados están ubicados y piden consejo sobre algunos temas.

Estas comunidades son minas de ideas para sus artículos. Sígales lo más posible y tome nota de las preguntas más frecuentes, trate de entender cuáles son los problemas más urgentes, preste atención a las preguntas que no reciben respuestas satisfactorias. De esta manera usted va a descubrir los verdaderos puntos de sufrimiento de su nicho. Cuando usted libera artículos con las soluciones a estas dificultades, usted será apreciado seguramente.

Robar de los autores de libros

Usted puede encontrar miles de libros escritos en cualquier tema que busque, es una cuestión diferente que haya leído sólo unos pocos. Por lo tanto, en cada nicho, puede obtener cientos o miles de textos. Esta abundancia de material escrito es extremadamente útil para generar nuevas ideas para sus artículos.

Al comprar este libro, vaya al sitio web de Amazon, busque la categoría de libros que le interesa.

Ahora abra la lista de los best-sellers ó mejores vendedores, los libros que ocupan los primeros puestos en la lista serían los más estimados por los lectores. Vaya a través de los títulos de esos libros y utilícelos para generar nuevas ideas.

Escriba artículos que tratan exactamente los mismos problemas, identifique los intereses comunes de la audiencia a quienes se dirigen estos libros y piense en cómo puede servir a sus intereses.

Evalúe el tipo de libro que es: ¿puede ser un texto inspirador o contener instrucciones paso a paso o incluso puede tener una serie de sugerencias sin ninguna secuencia en particular?

El título y la descripción del libro puede darle suficiente información sobre el libro y si todavía desea más ideas, Amazon le proporciona otra "ayuda". Para algunos libros, puede mirar en el índice y ver si se adapta a su interés. En el caso de los libros electrónicos, incluso se puede descargar un extracto, que a menudo incluye el índice también.

Los títulos de los capítulos y varias secciones le darán consejos aún más detallados. De hecho, cualquiera de estos puede ser el título de su artículo (o más artículos).

Investigar en los medios sociales

Incluso los medios de comunicación social son una mina de oro para aquellos que están buscando nuevas ideas sobre qué escribir. Puede mantener un ojo en la URL, palabras clave y hashtag.

Los instrumentos para hacerlo automáticamente son muy caros. Muchos de los gratuitos sólo funcionan en Twitter. Sin embargo, no es difícil obtener ideas para sus artículos de las redes sociales de forma gratuita.

Cada red social requiere un enfoque específico. Miramos los más importantes aquí.

En Twitter, puede utilizar la búsqueda "estándar", accesible en la dirección. Introduzca una palabra clave o un hashtag y desplácese por todos los tweets relacionados.

En Instagram o FindGram, sólo puede buscar usuarios y hashtag. Afortunadamente, dado el uso intensivo de este último, usted encontrará muchas ideas.

La búsqueda en Facebook no funciona bien, pero las cosas están cambiando.

La búsqueda de gráficos también está disponible, lo que le permite buscar a través de todos los correos, simplemente usando una palabra clave, prácticamente lo que Twitter siempre ha permitido.

Capítulo 8

Blogging y tráfico

Cómo generar tráfico con AdWords

Entre las diversas técnicas para atraer tráfico a su sitio / blog, sin duda uno de los más eficaces es Google AdWords. Google AdWords es uno de los muchos servicios proporcionados por el famoso motor de búsqueda.

¿Pero, qué es esto? En la práctica, este servicio le permite aparecer entre los primeros lugares, en los resultados de búsqueda de Google, patrocinando su blog. Al crear una cuenta e invertir un presupuesto fijo, será inmediatamente visible en las primeras posiciones del motor de búsqueda.

Puede utilizar AdWords para atraer tráfico durante un cierto período de tiempo o para anunciar una venta o una oferta durante un determinado período de tiempo. La ventaja absoluta de esta herramienta es la rapidez.

Gracias a Google AdWords usted puede dirigir inmediatamente a su blog para tener el tráfico constante de mes en mes en la búsqueda de sus productos o servicios y, a continuación, encontrar de inmediato a nuevos usuarios o clientes.

Cómo generar tráfico con LinkedIn

He identificado 5 aspectos clave que le aconsejo leer y tener en cuenta si desea aumentar el tráfico a su sitio web. LinkedIn es todavía una tierra inexplorada para demasiados profesionales y empresas, y creo que sería apropiado difundir el conocimiento sobre esta red social.

No estoy diciendo esto sólo por el bien de decir. Les estoy diciendo porque sé que estas estrategias de comunicación realmente funcionan, dado que las he probado personalmente en mi sitio web.

¡Entonces empecemos!

1. Haga su perfil profesional eficaz.

Si LinkedIn es desconocido para usted, en Internet (incluso en mi sitio web) puede encontrar muchos artículos y consejos para aprender los conceptos básicos y comprender el potencial de la red social para la excelencia profesional. Si usted tiene un blog o un sitio web de negocios, patrocinarlo en su perfil es la forma más eficaz de transmitir el tráfico de calidad.

Por ejemplo, en el menú desplegable de perfil, puede agregar una invitación para visitar su sitio web, solicitar más información sobre sus productos y servicios o insertar el vínculo en la sección de información de su contacto para que cualquier persona pueda entender mejor qué hacer.

Trate de ser preciso y claro, especificando los beneficios que un usuario puede obtener visitando su sitio web.

2. La página de inicio es la clave de todo.

La actualización constante del contenido es fundamental para tener un buen aumento de visibilidad en el perfil de LinkedIn.

Pero no inundar con actualizaciones, publicar una o dos actualizaciones por día es más que suficiente para obtener una buena visibilidad y ver un aumento en la tendencia del perfil en LinkedIn Analytics.

3. El poder y la viralidad de los grupos.

Uno puede escribir un libro sobre los grupos de LinkedIn, pero me limitaré a hacerte entender lo importante que es tener figuras profesionales involucradas en tu trabajo, si quieres ver resultados concretos.

En primer lugar, defina la razón por la que ha decidido abrir un perfil de LinkedIn: ¿Quieres encontrar nuevos clientes para su negocio? ¿Buscas colaboradores para algún proyecto? Después de que usted tenga la respuesta a la pregunta antedicha, usted debe buscar los grupos donde usted puede compartir sus habilidades.

Por ejemplo, si usted es un representante de muebles, debe iniciar sesión en grupos de discusión de diseñadores de interiores o clientes objetivo que contrata. Si está buscando colaboradores y está involucrado en el marketing web, publicar actualizaciones en grupos de discusión relacionados con la mercadotecnia aportaría visibilidad y nuevos enlaces interesantes.

En resumen, explotar los grupos teniendo en cuenta el objetivo que se establece con el perfil y luego tratar de publicar contenido de calidad constantemente para convertirse en el contribuyente superior (¿qué significa ser el contribuyente superior?).

De esta manera, la mayoría de los usuarios visitarán su perfil y encontrarán información relevante en sus publicaciones, y desearán saber más sobre usted y sus actividades, por lo tanto, desean visitar su sitio web.

4. *Las páginas de negocios.*

Acabo de darme cuenta del potencial de esta herramienta, y veo que es de verdad increíble. Si tienes una empresa o un blog y quieres atraer tráfico al sitio, crea una página de negocios en LinkedIn y conéctela a tu perfil profesional. En el momento en que agregue una posición de trabajo y comience a escribir el nombre de la empresa en cuestión, verá la vista previa de la página vinculada (si existe) y una vez que haya guardado los cambios, verá que la posición de trabajo está allí en la esquina más a la derecha.

Al hacer clic en eso, puede ir directamente a la página de la empresa, y de allí a la página web. Mientras más completa y actualizada la información, más serán los seguidores. Y sería aún más fácil de encontrarlo en el motor de búsqueda interno.

¿Quieres crear uno para tu empresa? En este artículo te estoy mostrando cómo hacerlo.

5. *Pulse: Inmediatamente activar el blog en LinkedIn*

Esta es, sin duda, la herramienta más efectiva para ofrecer tráfico de calidad en su sitio. Algunos de ustedes deben haber notado que para algunos perfiles de LinkedIn justo debajo de la caja de información, hay un título en el que se puede hacer clic en algunos artículos.

¿Cómo lo hicieron? Usando el Pulse, y vinculando con otros elementos en el puesto recibe una gran cantidad de tráfico a su sitio web.

La publicación de uno mismo a través de LinkedIn Pulse - o escriba entradas de blog en LinkedIn que apuntan a su vasta base de usuarios - puede ayudarlo a obtener visibilidad en su industria, establecer nuevas conexiones y encontrar nuevas oportunidades de carrera.

En mi caso, cada vez que publique un nuevo artículo, se enviará una notificación a cada conexión de mi red a aquellos que estén siguiendo mis actualizaciones, informándoles de nuestra acción. Si estamos en LinkedIn y tenemos una buena red de conexiones, cada vez que publicamos algo, cientos de personas recibirán la notificación e inmediatamente podrán ver el artículo, comentarlo o compartirlo.

Por lo tanto, es una gran manera no sólo para traer tráfico a la página web, sino también para obtener una gran visibilidad de su perfil en la plataforma.

Cómo generar tráfico con Twitter

Puede ser una gran herramienta para compartir sus artículos, y puede dar un impulso a su difusión porque cada tweet genera miles de vistas y puede llegar a muchas más personas de lo que es posible con otras redes sociales.

Esto se debe a que cada persona en Twitter sigue y es seguida por usuarios que comparten los mismos intereses (o lo es por lo menos en la mayoría de los casos). Entonces cada nuevo seguidor estará inclinado retweetear sus tweets y aumentará su alcance exponencial.

Pero veamos cómo usar esta red social para atraer tráfico a un blog. Para dar fuerza a Twitter y su gran red, a menudo es necesario publicar el pequeño estado (o Tweet) que contienen la clave de hashtag # a su blog.

Gracias al hashtag, puedes identificar a todos los usuarios interesados en tu blog.

Una vez que haya identificado a su potencial "objetivo" de los usuarios, todo lo que tienes que hacer es seguirlos. Muy a menudo, estos usuarios le seguirán a su vez. Así que, con cada usuario, ha agregado un nuevo seguidor a su red.

¿Cómo se puede utilizar el hecho anterior a su ventaja para aumentar el número de seguidores a su red? Te recomiendo que implementes una estrategia sencilla: busca influencias de tu propio nicho y comienza a seguir a todos sus seguidores. Una buena parte de ellos comenzará a seguirlo a su vez. De esta manera usted rápidamente adquirirá seguidores potenciales a su blog.

Pero tenga cuidado con los influyentes con demasiados seguidores: ¡Pueden ser comprados, y no genuinos! Elija más bien aquellos que reciben numerosos retweets y expresiones.

Cómo generar tráfico con Facebook

Facebook ahora sabe casi todo sobre todo el mundo: conoce bien nuestros intereses, lo que nos gusta hacer, lo que nos gusta ver, dónde vivimos y mucho más. Con toda esta información a su disposición y la capacidad de ver el "perfil" de las personas, puede proponer un público objetivo en gran medida.

Esta es una gran herramienta para encontrar personas interesadas en tu blog. Y también es muy económico: puedes empezar a hacer publicidad en Facebook invirtiendo solo 1 $ por día.

Promover su blog en Facebook es muy simple, sin embargo, no es tan fácil obtener buenos resultados. Para obtener los mejores resultados de Facebook Ads, la paciencia y una mejora continua son una necesidad. Para crear publicidad efectiva, debe incluir el grupo más consciente de personas que se ven afectadas por las innovadoras y diferentes noticias ofrecidas por esta poderosa herramienta.

Así que mi consejo es que usted pueda comenzar con un presupuesto bajo (incluso $1 por día) y hacer varios experimentos probando nuevos enfoques en cuanto a lo que capta la atención de la audiencia.

Capítulo 9

Una poderosa estrategia para aumentar el conocimiento de tu blog

Así que, usted ha decidido darse una oportunidad a hacer blogs por dinero. Tal vez usted ya ha creado su blog, e incluso ha comenzado a promoverlo. E incluso podría haber atraído a unas docenas de visitantes por ahora.

Iniciar un nuevo blog puede ser una experiencia realmente emocionante. Y, desde el principio, puede ser que esté realmente impaciente poner todas las técnicas de la promoción que usted ha oído en acción.

Pero no puedes parar ahí. Hay cosas que usted puede hacer durante la vida de su blog para asegurarse de que se sigue haciendo notar.

Una estrategia increíble para aumentar dramáticamente su tráfico es publicar su artículo en el blog de un influenciador (Publicación de Invitado).

Por lo tanto, busque un influyente en su nicho y proponga que se escriban un artículo en el blog de cada uno.

Aquí 5 buenas razones para almacenar publicaciones de invitados:

Con las publicaciones de invitados viene una nueva perspectiva. Si sólo hay una persona escribiendo el contenido en un blog, su estilo se convertiría en mundano para los lectores y por lo tanto no les interesará tanto. Las publicaciones de invitados traerían una bocanada de aire fresco al blog. Pero hay un punto importante que debe ser recordado, los mensajes de invitado no deben ser completamente desviados del tema principal del blog.

Conozca un Blogger desconocido pero valioso. Hay muchos Bloggers bien merecidos que por alguna extraña razón no emergen. Acomodar la publicación de uno de estos Bloggers en su sitio web les ayudará a obtener un empuje doble. Uno sería el aspecto estadístico (trayendo nuevos lectores) y el otro aspecto, más importante sería su moral aumentada.

Además, es importante relajarse de vez en cuando. ¡No puedes seguir escribiendo y publicando 7 días a la semana, 365 días al año! ¡El tener una publicación de invitado puede darle este tiempo libre ¡tan necesario!

Si consigues conseguir un puesto de invitado de un Blogger de éxito, las posibilidades son brillantes para ti también. Con eso, su público le mantendrá en alta estima y creo que tiene buenas conexiones en los niveles superiores de la blogósfera. En resumen, su blog da un paso más para llegar a la categoría de los blogs exitosos.

Tome los enlaces importantes del cartel de invitado. El anfitrión a menudo cita el post invitado por escrito en su blog personal, por lo tanto, contribuyendo a darte un enlace (y algún acceso). Por lo tanto, puede llegar fácilmente a un público más amplio utilizando esta información sabiamente y poniéndola a su disposición.

Conclusión

Gracias por llegar hasta el final de *Blogging*, esperemos que haya sido informativo y capaz de proporcionarle todas las herramientas que necesita para alcanzar sus metas sean cuales sean.

Tenga en cuenta que cada blog es diferente, y cada Blogger puede encontrar el éxito con un método de monetización distinto. El tema de tu blog, la cantidad de tráfico que recibe tu blog y tus objetivos personales son los factores más importantes a considerar al decidir qué método para ganar dinero es mejor para tu blog.

Antes de decidir anunciar, conviértete en un afiliado, o vende tu propio producto, usted tiene que tomarse el tiempo para desarrollar su blog y hacerlo exitoso. Su enfoque siempre debe ser la creación y lo interesante, lo entretenido o informativo que atraiga a los lectores a su blog.

No pierdas de vista la razón por la que la gente lee blogs, no es para ser comercializados o para ver anuncios, es porque les gusta el contenido en el blog. Si usted se centra en las maneras de hacer dinero antes que de desarrollar un blog popular, sus esfuerzos por hacer dinero probablemente fracasarán.

Esto no quiere decir que usted no debe considerar maneras de ganar dinero, pero siempre debe estar preocupado por dar a los lectores gran contenido que les haga querer volver. Cuantos más lectores tenga, mejores serán sus métodos de monetización.

Este es el verdadero secreto de los blogs exitosos: el compromiso.

www.ingramcontent.com/pod-product-compliance
Lightning Source LLC
LaVergne TN
LVHW052311060326
832902LV00021B/3814